열아홉, 유럽

글·그림 버섯버섯

숨쉬는
책공장

말을 하게 시작하고,

버섯버섯/ 1세

밥.

생애 첫단어

말을 알아듣기 시작한
아주 어린 시절부터

오늘은
'치과'에
가야겠네.

가장 많이 들었던 말은
'애늙은이'였습니다.

그때는

또래 친구들보다
성숙하고,

똑똑하다고
말해 주는 것 같아서

아유,
똑부러지겠네.

7살

그 말을 듣는 것이 좋았습니다.

아닙니다.
당연히 해야 할
일인걸요.

이 아이는 몇 년 후
고등학교를 자퇴하게 됩니다.

자퇴 후 일찍 일하게
되면서,

내 시간은 그대로
멈춰 버린 기분.

친구들은 전부
대학입시를 준비하고,

친구들보다
빨리 앞서가는 것 같았는데

돌아보니 제가

가장 뒤쳐져 있었습니다.

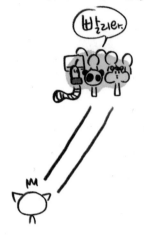

그 간극을 눈으로

확인하는 것이,

처져 있는 기분이 싫어서

이렇게 빠르게
시간이 지나가다 보면
나만 가장 뒤쳐져 있는 건 아닐까?

충동적으로 비행기표를
결제했습니다.

Inchon

01.
출국준비

출국 당일 새벽 한시

행여라도 짐을 빠트렸을까
불안했던 여행 초보는

다시 한번 살펴봐야지.

새벽 두 시까지
짐을 확인하고,

빠트린 것 없겠지...?

조마   조마

↖ 인터넷으로 조사한
유럽여행 시 챙겨야 할 짐 목록

새벽 네 시까지
뒤척이다... (feat. 불면증)

정말 몇 시간 후면
떠나는 건가?

스무 시간 후면 내가
독일에 있게 되는 건가?

독일....

유러피안...

미니멀리즘의
나라...

한참
빠져 있는
주제

여섯 시에 일어났어요.

잔 것 같지가 않아….

심지어 비행기를
놓치는 악몽까지
꾸었어….

그래도 악몽 꾸는 날에는
이상하게 운이
좋았으니까….

드 르륵

비가 오네····

날씨가
쌀쌀해졌어.

이야 신난다.
후드집업 입고 갈수 있겠다!

CD랑 듣고 가면
검 될까 봐
걱정했는데!

추위 잘 타서
비행기 안에서 긴 옷 입고 있어야함.

아침을 먹고

언제 먹어도 맛난 월남쌈~

을 전날 미리 싸 뒀던
월남쌈 7개

양치질을 하고

옷을 입은 후 ♪

엄마와 현관에서
작별인사.

조심해서
잘 다녀와.

응응!

주무시고 계시는
아부지께도 인사!

아부지,
다녀올게요.

쏙닥

쏙닥

드르렁

그렇게
집 문을 나섰더니

낑

낑

→ 29인치
트렁크 (20kg)

집이 4층에 있다는 것이
생각이 났어요.

아면... 씁...

하하 엘리베이터를
타면 되지~.

나도
차앙

근데 우리 건물엔
엘리베이터가 없잖아.

나도   꿈을 꾸었구나.
차앙

결국 낑낑대며
삼십 분 동안 1층까지 트렁크 운반.

경우 1층으로
내려와서,

공항까지 갈 수 있는 버스를
타기 위해 고속버스터미널까지
데려다 줄 택시를 잡아 보려 했으나 …

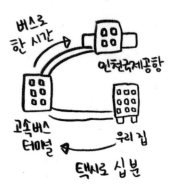

버스로
한 시간

인천국제공항

고속버스
터미널

우리 집

택시로 십 분

하필이면 출근&등교 시간이라
택시가 한 대도 없었어요.

으아아아!

현재대기
택시 0.

하지만,

이럴까 봐 일찍
나왔죠.

통학거리가 멀었던
2개월간의 고등학교 생활 덕에

으아아아!

택시!

택시!

이런 상황에 익숙해진
저는,

보조가방 속에 넣어 두었던
태블릿을 꺼내

택시를 기다리며
삼십 분 동안 책을 읽었습니다.

이것도 나름 괜찮은걸?

비 오는 날
택시를
기다리며

주차장에서
읽는 책이라…

그렇게 겨우 택시를
타서 버스터미널에 도착!

트렁크 내리느라
또 깡깡!

후

택시 기사님께서
기다려 주셔서 다행이다…

감사합니다~

자동 발권 기계 앞으로
가서 표를 끊고,

버스를 타고,

한 시간을 달려
인천공항 도착!

0 2.

공항에서

평일 오전의 공항은 생각보다
많이 한산했어요.

TV에서
보면
항상 사람이
많아서 오는
많을 줄 알았는데....

우선 가장 먼저,
이틀전 예약해 두었던
와이파이포켓을 먼저 찾고,

↳ WIFI 포켓

예약했던 표를 찾기 위해
해당 항공사가 위치한 곳으로 향했습니다.

길치인 내가
길을 한번에 찾다니!

히히

럭키데이

스스로의 힘으로 수화물을 부치고,

←
수화물 올리는 곳

티켓을 받아 보니,

|||||||||
어른이 된 기분이다!

미성년자분은 부모님 동행이 필요하십니다.^^

파스스

의기   소침

꼬르륵

결국 여행자 보험은 들지 못한 채,

약국에 들러 필요한 약을
몇 개 더 구입하고,

잠시 앉아
농땡이를 피우다...

자 이제 슬슬
출발해 볼까.

기다려라
독일!

03.
TO BUY LIST

여행을 떠나게 전,

빈둥　　　빈둥

막연히 생각했던 것중 하나.

여행 가서 뭘
사 오지?

하지만 구체적으로 무엇을
사 올지는 정하지 않았습니다.

비행시간이 열두 시간이니까
비행기안에서 생각해야지.

내일 할수있는
일을

오늘 하지 말자.

하지만
이제는…

정말 생각해야
할 CCH로군.

안전을 위해
승객 여러분들께서는
이륙 시 벨트를 풀지 마시고…

(기내 안내 방송)

50

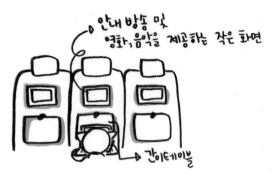

안내 방송 및
영화, 음악을 제공하는 작은 화면

← 간이테이블

간이테이블을 펼치고,

미니 태블릿, 필기구, 수첩을
꺼내 늘어놓고...

→ 늘어놓는 것
좋아함

불현듯 떠오른 어떤 감각

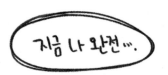

어릴 적, TV나 사진에 나오는
어른들의 모습은 대부분 이랬는데,

굉장히 지적여
보인다.

비행기 안에서
노트북으로 일한다.

뭔가 조금은 많이 달랐지만
어찌 됐든 비행기 안에서 무언가를 하는 제 모습이란 …

잉여로워
보인다.

비행기 안에서
일은 아니지만
무언가를 한다.

뿌듯했습니다.

하지만 곧바로 집중력 저하

이륙 후 두 시간 만에 나온
기내식을 먹고

근데 양이 너무
적네.

나를 위로 보고
↑
?

한 3개는
먹어야 배가
차겠어.

이번에는 정말 집중해서
다시 리스트를 적기 시작!

가장 먼저 갖고 싶었던 것은,
적당한 크기의 크로스백.

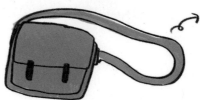

→ 13인치 노트북
& A4 용지가
들어갈 만한 크기

이는 가장 좋아하는 '미드'에 등장하는
천재 박사가 항상 가지고 다니는 가방으로,

처음 그의 가방을 봤을 때…

저거다!

꽝

그랬던 때가 벌써 3년 전.
아직까지 가방을 찾지 못한 채였습니다.

이번 여행에서는
반드시 가방을 사고 말겠다!

나의 3년

그리고 두 번째는
지갑.

몇 년 전 급하게 구매했던
지갑은 낡고 해진 데다

어딘지 마음에 들지 않아서

이번 여행에서 마음에
드는 지갑을 찾아보기로 했습니다.

그리고 그 외의 것.

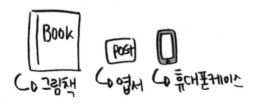

가족들 선물은 이렇게 정했습니다.

엄마: 목걸이6팔찌   아빠: 지갑   동생: 인형   오빠: 로션

열두 시간의 비행.

✻ 비행기 안 ✻

겹치는 항공선이 많아 **삼십** 분 연착. 오시 사분에 출국할 예정이었는데
3시 즈음에 출발했다. 출발하고 **한** 시간 반 정도가 지나자 기내식이
나왔다.

메뉴: 전체요리 - 새콤한 파스타를 곁들인 훈제 닭가슴살

메인요리 - 고추장과 신선한 야채를 넣은 오리비빔밥

or

레드와인 소스와 으깬감자를 곁들인 소고기찜

디저트 - 신선한 라일

이렇게생긴
파스타였다.
그냥먹으면
별론데 빵이랑
같이먹으면
맛나다.

데코용 양상추
토마토

닭가슴살 2조각

수박, 메론, 사과, 배
조각조각

LUNCH

애기들이 마시는 것
같은 컵. 안에 작은
고추장 팩이 들어 있다.
후식으로 커피를 컵안에
담아 준다.

버터, 잼(?)

모닝빵처럼 생겼는데
엄청 떡떡하다.
다 먹고 나면 턱이
아프다.

비빔밥. 버섯과 당근, 콩나물,
소고기, 애호박등이
들어 있다.
맛있었는데 양이
엄청 적다. 2개는 먹어야
좀 먹었구나, 할 정도.

젓가락, 버터나이프
숟가락, 휴지

전체적인 맛: ★ ★ ★ ★ ☆
단점 : 양이 적다. 빨리 소화되고
배고파하는 나에게 너무 적은 양이었다 ㅠ

간식

간식과 점심을 주는
간격이 너무 커서
배가 엄청 고팠다.

원래는 둘 중
하나만 골라
먹어야 하지만,
배가 고파서 날
샌드위치 있냐고
여쭤봤었더니
주셨다.

NISSIN CUP
NOODLES

컵누들

or

샌드위치
(치즈야채)

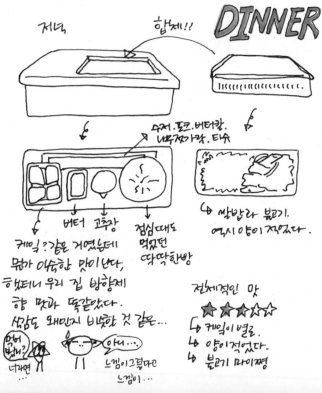

저녁   합체!!   # DINNER

우저.토코.버터칼.
냅킨.젓가락.티슈

↳ 버터   고추장   ↳ 쌀밥라 볶기.
↳ 케익?같은 거였는데   점심때도   역시 양이 적었다.
무가 이슙한 맛이난다.   먹었던
근데 우리 집 방향제   딱딱한빵
향 맛과 똑같았다.
식감도 왜인지 비슷한 것 같은...   전체적인 맛
                                    ⭐⭐⭐☆☆
머   ↳ 케익이 별로.
먹   아니...   ↳ 양이적었다.
봤어?   ↳ 볶기 마이쩡
너라면   느낌이그렇다는
...   느낌이...

비행기안에서

04.
프랑크푸르트에서 N님을!

길고긴 비행 후 프랑크푸르트에
도착했습니다.

잘 실감이 안 나네.

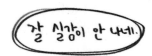

곧바로 수화물을 찾고,

지인분이신 N님과의 만남!

작품활동을 하다
우연히 알게 된 N님은,

버섯님!
고흐를 좋아하신다기에
이 드라마 추천해 드려요!

← 원래 SNS 메시지를
잘 확인하지 않는 편인데
그날따라 N님이 보내신 메시지를
우연히 발견함.

독일에 가기 전부터
꾸준히 연락을 주고받게 된 분인데,

작가님!
독일 오시면 꼭
슈투트가르트에 들러 주세요!

흠

핫

독일여행을 간다는 저의 말에
흔쾌히 댁으로 초대해 주셨습니다.

너무나   좋아요!

비행은 어떠셨어요?

비행!

힘들었습니다...

배고프고

다리의 감각이 없어지고...

아이고, 고생하셨어요.

프랑크푸르트 공항과 연결되어 있는
기차역 (DB)으로 향했습니다.

기차역에 위치한 독일철도 DB bahn 센터로 가서
철도패스 구매 후,

한 시간 동안 슈투트가르트중앙역 (Hbf)으로
가는 기차를 기다렸습니다.

아, 맞다.

배고프실까 봐
제가…

빵을 좀 구워 왔어요.

연금술사다. 신이다.

빵은 가게로만
안드는 건 줄 알았는데!

아주 맛있었습니다.

이윽고 기차가 도착하고,

낑낑거리며 짐을
올려놓는데,

독일 시민분들께서 도와주셔서
겨우 기차에 오를 수 있었습니다.

그렇게 겨우 한숨을 돌리고
창밖을 바라보자,

이미 어두워진 프랑크푸르트
시내의 불빛들이 보였습니다.

으응.

여기가
독일?

내가 정말   독일에 있는 건가?

저에겐,

? ?

언제 생겼는지 모를
이상한 뿐이 하나 있는데,

그것은 바로 상황을 고스란히
받아들이지 못하고 혼란스러워 하는 것입니다.

현재 제가 처한 상황에서,

늘 몇 발자국 물러서서...

이 상황이 지금
내 상황인 게 맞나?

여행에 와서도
역시나 마찬가지였습니다.

열심히 상황 파악을 하고 있던 외중
어느새 기차는 슈투트가르트중앙역에 도착!

스벤이 역 앞에서
기다리고 있대요.

Hi !

↳ 스벤 (N님 남편분)

그렇게 스벤의 차 트렁크에 짐을 싣고
N님과 스벤 집으로 출발!

N님 댁에 도착했을 때는
어미 밤 10시가 지난 시각.

늘 사진으로만 봐 오던 N님 댁은
실제로 보니 훨씬 더 아늑하고 멋있었지만,

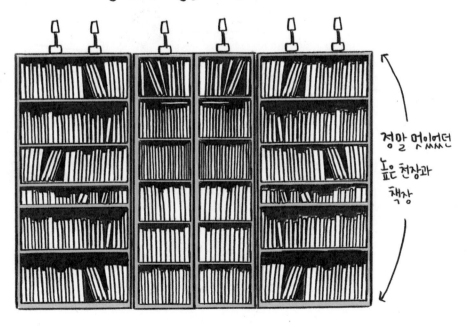

정말 멋있었던
높은 천장과
책장

피곤에 절은 상태였던 저는
대충 짐을 정리한 후, 양치를 하고

→ 비행기에서
한숨도 못잠

N님께서 마련해 주신
이불에 누웠습니다.

안녕히 주무세요~.

네!

캄캄해진 집안

얼ㄸㅎ   얼ㄸㅎ

낯선 나라와

낯선 집의 구조

잠이 안 올 때면,

종종 지금의 '나'에 대해
생각합니다.

지금의 '나'를
이루고 있는 것들에 대해서요.

지금의 내 상황

저는 '걱정인형'이라고
불릴 정도로 걱정이 많은 사람.

아무 생각
없어 보이지만...

고쳐야지, 하면서도
잘 안 되더군요.

하지만 그것도
나를 이루고 있는 한 부분.

이런 생각을 하다가
잠에 빠져들었습니다.

프랑크푸르트중앙역 천장.

슈투트가르트중앙역 내부.

슈투트가르트중앙역 앞.

N님 댁 책장.

■ Zum It-Accessoire avanciert

Gegründet in einem kleinen Dorf in der Nähe von Frankfurt in Deutschland, hat es das Unternehmen in wenigen Jahren an die Spitze der Liste der bekanntesten modischer It-Accessoires geschafft.

Extravagante Formen, gewagte Farben sowie ein prominent platziertes Logo gemeinsam mit dem ultimativer Karabinerverschluss zum Markenzeichen Eyecatcher. Mit einer Tasche aus dem Hause »GEORGE GINA & LUCY« ist man für alle Eventualitäten des Alltags gerüstet. Entlang sowohl für den Tag wie für den Abend vielseitig und farbenfrohe Taschen-Mochic für jedem und sind die raffinierten begehrenswert machen. Das die Taschen extrem facetten Schloss Schnallen, Reißver mit ausgefallenen Modellnamen als Varianten von Saison, hat aufgedalenen

05.

슈투트가르트 포도밭

슈튜트가르트에서의 첫날

파워   기상

시간은 오전 여섯 시.

너무 일찍 일어났나...?

잠시 빈둥거리다가

문득 밝아진 것 같은 느낌에
일어나서 창밖을 봤더니...

이것이 바로
젊어니 모닝!
Germany

테라스에서 밝아지는
풍경을 구경하다가

일어나신 N님께서 차려 주신
아침식사를 먹었습니다.

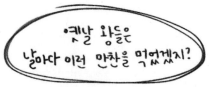

옛날 왕들은
날마다 이런 만찬을 먹었겠지?

N님 댁에
입양되고 싶다.

정말 너무너우
맛있었습니다.

환상의 맛!

특히 N님께서 직접
조합하신 치즈＋부추쟁이
정말 환상이었습니다.

아침식사.

모형처럼 생긴 빵.

손으로 뜯어서 그 위에
치즈&무주잼 바르고
슬라이스 훈제고기,
무화과를 올려 먹으면
환상의 맛!

98

아침을 다 먹은 후 향한 곳은
N닝 댁 근처에 위치한 포도밭입니다.

한국에서 지인들이
놀러 오면 함께 가는 곳 중
하나예요~.

아침 먹고 간단하게
산책하기에도
좋거든요.

끄덕

끄덕

잔잔한 햇살과
낯설지만 정겨웠던 또밭 산책시간.

초등학교 5학년 때 이사를 온
경기도 외곽 지역에 위치한 저희 집은
근처에 커다란 논이 있는데,

→ 해가 지고
달이 뜨는 것을
볼 수 있어요.

저는 여름이 끝나고, 추수할 시기의
늦저녁 논 산책하는 것을 좋아했습니다.

하지만 중학교 입학 후 바빠져서
논 산책을 오랫동안 하지 못했는데,

죽은 건가.

독일에 와서 포도밭을 산책하며
그때의 기분을 다시 느낄 수 있었습니다.

업그레이드한
기분~

그리고 또 한 가지
재미있던 점은,

포도밭 문들이
하나같이 다른 모양인 것이었습니다.

Heiligenbergstr.

귀여워.

포도밭에 있던 작은 초록색 집.

포도밭 산책 도중 마주쳤던
동네 멋쟁이 할머니

포도밭 산책을 끝낸 후 돌아가던 길에
할머니 댁 앞에서 다시 마주쳤습니다.

할머니의 멋진 정원을
잠시 구경했습니다.

할머니의 멋진 정원.

06.
도서관

포도밭 산책 후
향한 곳은 슈투트가르트의 도서관.

ㄱㄷ ㄷ

처음 이 도서관이 들어온다고
했을 때는 반대가 많았어요~

독일건물들하고 생김새나
구조가 차이 나서 그랬던 것
같아요~

에펠탑
처럼요.

그리고 한국인 건축가가
설계한 곳이라 '도서관'
이라고 적혀 있어요.

오옹

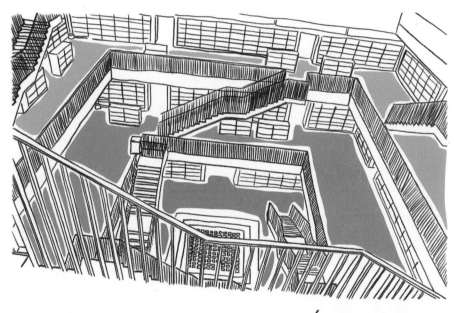

도서관 내부.

슈투트가르트의 도서관 **안에는** 미술 작품들을
보관해 놓은 곳도 있었습니다.

⤶ 작품들을 보관해 둔 곳.

그리고 가장 마음에 들었던 곳은
도서관 내부에 위치한 카페테리아.

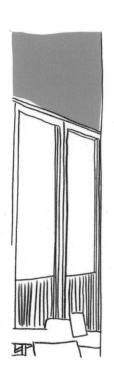

' 도서관'에 대한 첫 기억이 있다면 그것은 바로
로알드 달이 쓴 소설 《마틸다》를 처음 읽었을 때입니다.

초등학교 저학년 버섯버섯

천재 소녀 마틸다는 자신을 무시하고 학대하는 어른들을

사기꾼 아빠
웜우드씨

무시무시한
트런치볼
교장선생님

마틸다의
엄마
웜우드부인

명석한 두뇌와 초능력으로 골탕 먹이고

끝내 자신을 진정으로 사랑해 주는
하니 선생님과 평화롭고 행복한 삶을 쟁취해 냅니다.

그 이야기 속에서 단연
가장 인상 깊었던 장면은 바로,

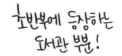

초반부에 등장하는
도서관 뿐!

그 뿐만 반복해서
읽고는 했죠.

후후

N년후 버섯버섯

사실 지금도 가끔
그 부분만 찾아 읽는답니다.

집에 있는 몇 권의 '쉬운 요리책'을
세 살 때 전부 읽은 마틸다는

아빠,
책 사 주면
안 될까요?

TV나
봐!

혼자서 공공 도서관으로 가서
책을 읽었고,

가장 좋아하는 그림
1.

책을 대출하면 집에 가져가서
읽을 수도 있다는 도서관 사서 펠프스여사의 말에

책을 빌려 가기 시작했죠.

책을 빌려오면 마틸다는,

우유를 냄비에 데운 뒤

코코아 가루를 섞은

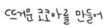

뜨거운 코코아를 만들어

완   성!

자신의 방으로 가져가

텅 빈 집의 조용한 방에서
오후 내내 책을 읽으며 보냈습니다.

→가장 좋아하는
그림 2.

그날 이후로 저는 학교 도서관에서
책을 빌려 와 읽기 시작했고,

유 위에는 코코아 대신
녹차가 담긴 컵이 있었죠.

조구나 → 코코아
시
려어함

생각해 보면 '마틸다'처럼
되고 싶었다기보다는

난 천재가 될 수 없지.

난
날 잘 알아.

공부를 이렇게
싫어하는걸.

자랑겹다
내 새끼야.

그냥 책 속 마틸다의
방 안 분위기가,

텅 빈 집 안의 고요함과
컵 안에 담긴 코코아의 따뜻함이

너무 현실적으로 느껴져서

시간이 흐른 지금,
녹차가 커피로 바뀔 정도로 자랐지만

그래도 《마틸다》 속 장면들을
떠올리면 기분이 좋아집니다.

슈투트가르트 도서관 안에서 찍은 입구.

도서관 내부.

도서관에 있던 연필.
찾는 책을 컴퓨터로 검색 후 종이에 적어 가는 용도인 것 같다.

도서관 카페테리아에서 마셨던 라테.

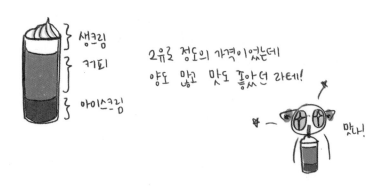

생크림
커피
아이스크림

2유로 정도의 가격이었는데
양도 많고 맛도 좋았던 라테!

맛나!

1층에서 만났던
경비원아저씨

저위에서
몸 내밀고
사진 찍다가

ㄷㅎ

카메라
떨어뜨린 사람들 많아요.

그래서 안전하게
한 발짝 떨어져서 …

ㄴㅁ 슈투트가르트 도서관 외벽에
새겨져있던 '도서관'.

한글이다!

어깨가 햇볕기
있고 있는데도 …

ㄴㅁ 건물 사이사이에 있는
작은 물놀이장에서 놀고 있던 아이.

도서관 뒤편 그늘 진 잔디 위
사람들이 여유롭게
쉬고 있었다.

나도 한 번!

07.
시내 구경

슈투트가르트
도서관

2. 성당1

3. 현대미술관
& 영화관
(+짤막에피소드)

1. 분두대

5. 쌀국수

4. 크리스마스마켓

6. 마켓

9. 집

7. 성당2

8. 국립극장

하루 동안 돌아다녔던
슈투트가르트 시내 구경 순서인데요.

시내 구경 내용은
여행 중 드로잉북에 그렸던
그림들로 보여 드릴게요.

133

N님 차를타고 시내로 이동!

시내 한복판에 있던
강아지 장난감처럼 생긴
분수대.

호옹이

→ 슈투트가르트
시내에 있던 성당
창문.

135

↳ 현대미술관 앞
영화관.

↳ 현대미술관 앞에
있던 신기한 조형물.

신기하게
생기셨군요!

현대미술관.

우와

그리고 내부에 있는
N님 지인분의 서점에 들어갔는데...

이때의 감동을 위해
사진을 첨부하겠습니다.

정신없이 구경하다가 ...

결국 끌려 나왔죠.

크리스마스 마켓.

고기 듬뿍
쌀국수.

안녕~

가게 앞 강아지 동상.

맛나!

백화점 안에서 팔고 있던 도넛들.

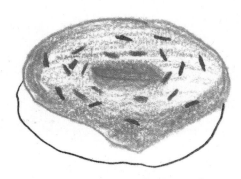

Homer's
Donut

슈루트가르트 시내의 서점.

후식으로 먹었던 초콜릿 아이스크림.

현대미술관 내부에 있던 바(Bar).

슈투트가르트 시장.

전시관 내부 벽에 걸린 포스터들.

전시관 내부 기념품 샵.

플라멩고 분무기.
썩 효능이 좋을 것 같아
보이지는 않았지만
멍한 표정이 귀여웠다.

TEDDY Bear

플리마켓에서 팔고 있던 오래된 책들.

N님 댁 발코니에서 바라본 슈투트가르트 풍경.

슈투트가르트 시내의 어떤 가게.

슈투트가르트 시내의 케밥 가게.
이곳에서 점심을 먹었는데 정말 맛있었다!

큰 강아지를
데리고 다니는
사람들이 많았다.

시내를 걷다가 만난 큰 강아지.

루트빅스부르크궁 산책 중 마신 슬러시.

Solitude Castle

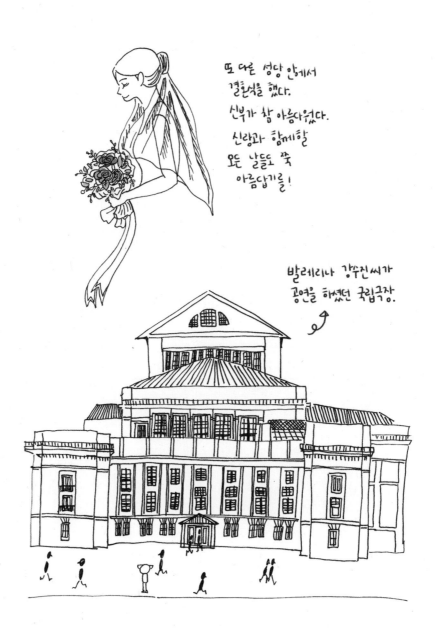

또 다른 성당 안에서
결혼식을 했다.
신부가 참 아름다웠다.
신랑과 함께할
모든 날들도 쭉
아름답기를!

발레리나 강수진씨가
공연을 했었던 국립극장.

08.

머문 자리들
(슈투트가르트의 국립극장)

동생이 태어나기 전까지,
그러니까 제가 여덟 살이었을 때까지
엄마는 동네의 한 상가에서 작은 가게를
운영하셨는데

손재주가 좋으신 엄마는
'칼라믹스'라고 불렀던 점토로 다양한 만들기를
가르치셨습니다.

처음엔 이런 딱딱한   계속 주무르면   찜기에 삶으면
벽돌 모양인데   말랑말랑해져서   딱딱해져서
                    여러 모형을 만들 수 있고   지우개로도 쓸 수 있어요.

당시의 저는 학교가 끝나면
곧장 엄마의 가게로 가서

가게 한 켠에 마련된
작은 공간에서 숙제를 하다가

주로 성인분들,
초등학교 고학년
~고등학생들이
배우러 오셨다.

숙제를 다 하면 꾸물 꾸물
나왔는데,

수업을 방해할까 걱정된 엄마가

언니 오빠들 신경 쓰이니까
저기서 놀고 있어.

이렇게
말하면

언니 오빠들은 늘 괜찮다면서
저를 앉혀 두었어요.

괜찮아요, 쌤!

버섯버섯
안전히 있잖아요.

까까
먹을래?

수업 방해하면 안 된다는
엄마의 신신당부가 아니더라도
늘 얌전히 앉아 있었는데

여러 가지 색의 점토 토막들과 도구들로
어지럽혀진 책상과

완성되어 가고 있는 작품들을
구경하는 걸 좋아했기 때문이었죠.

그리고 지금도 여전히
그런 흔적들을 좋아하는데,

자신이 하고 있는 일들을
사랑하는 사람의 공간이

일에 열중하느라
엉망이 된 모습이나

목표를 이루기 위해 노력하는
사람의 책상 같은 것들.

그리고 그런 장면들 속에
제가 들어가 있는 것도 좋아해서

?

작업이 잘 안 될 때면
방을 벗어나

?

동네의 카페로 가서

커피와 샌드위치를 주문하고
사람들 사이에 앉아 일을 하고는 합니다.

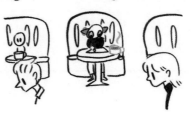

그런데 이곳, 슈투트가르트에 와서
발레리나 강수진씨가 공연을 하셨다는 건물을 보니,

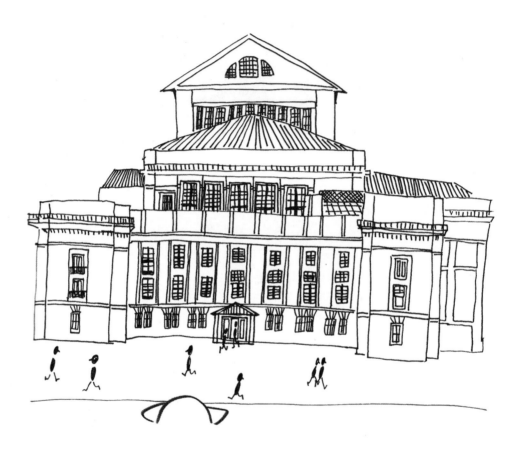

꼭 어떤 이의 작업 중인 현장을 보지 못하더라도 그 사람이 머물렀고, 작업을 했다는 사실 하나만으로도 무언가 특별해질 수도 있다는 것을 깨달았습니다.

09.

솔리튜드 성

시내 구경이 끝나고 집으로 돌아가던 길

스빈이 저녁식사를 대접하고 싶대요!

안 그러셔도 되는데 ….

이미 엄청
신세를 지고
있는데 ….

괜찮아요~ 사양 마세요~.

비싼 거 시켜야지. 하하

?!

스벤이 사 주신 저녁을 맛있게 먹고,

그 슈니첼

그 피자

시금치 & 토마토 피자

ㄴ) 파스타

버섯버섯을 위해
준비한 것이 있어요!

차를 타고 어디론가 향하게
되었습니다.

어느새 캄캄해진 슈투트가르트의
도로를 달려 도착한 곳은 …

 착륙이
잘 됐나
...

 우와!

어두운 솔리튜드 성이었습니다.

아무것도
안 보여!

조금 더 걸어가 봤더니
넓은 간격으로 위치한
가로등 불빛에 은은하게 비추어진
궁전의 모습을 볼 수 있었습니다.

궁전 아래 공간에서
기타를 치는 학생들을 구경하다가

다시 궁전 밖으로 나와
주변을 돌아보고 있을 때

문득 눈에 들어온 광경.

흰 셔츠와 청바지를 입은
남자분과 아이의 모습.

무섭다는 이유로 카메라를
차 안에 놓고 내린 것이 후회될 만큼

아름다운 장면이었어요.

한동안 두 사람의
모습을 바라보다가

작가님~
이제 가셔야죠.

네.

차가 주차된 곳으로 향하던 중

앞서 걸어가는 두 사람을
또 한 번 보게 되었어요.

참 보기 좋았던 모습이었어요.

멀어지는 차를 보며
사진을 찍지 못한 아쉬움을 느끼면서

집으로 돌아왔습니다.

잠깐 차를 마시며
N님과 대화를 나누다가

Good night!

닉, D스벤은 먼저
취침

양치를 하고 잠들 준비.

서로 가치관이 맞는
사람과 대화하는 건 언제나
즐고 즐거워.

안녕히 주무세요-!

안녕히 주무세요!

10.
하이델베르크에서 당일치기 구경

슈투트가르트를 떠나는 날 아침,
N님께서 준비해 주신 아침식사를 먹고

짐을 정리한 뒤

슈투트가르트 중앙역으로 향했습니다.

그렇게 중앙역에서
N님과 작별인사를 나눈 후

몸조심하세요~

하이델베르크로 출발!

집 떠나서 여행 가는
기분이네.

이제 막
시작하는
것 같아.

슈투트가르트를 떠나
하이델베르크를 들러 당일치기로 관광을 하고
뷔르츠부르크 숙소로 바로 이동하는 것이 계획이었어요.

창밖으로 보이는 풍경을 구경하다

하이델베르크중앙역에 도착했습니다.

무거운 캐리어는 중앙역 앞에 있던
캐비닛에 넣고,

하이델베르그 성으로 가기 위해
역 앞 버스정류장으로 이동!
아   간단하게…
이정도
쯤이야

하참
나참
거참
내가 나를 너무
과대평가했군.

버스를 타고 하이델부르그 성문 앞으로 이동!

하이델베르크 성 정류소에 내리면 바로 보이는 곳.

골목 사이.

CANDLE
IN
Hiedelberg
Church

하이델베르크 성으로 올라가는 계단 중간에서 본 예쁜 집.

하이델베르크성 뒤편으로 있던 예쁜 별장.

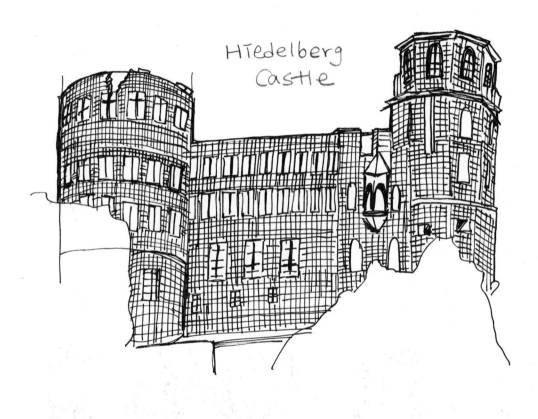

Hiedelberg
Castle

READ A BOOK

길가를 걷다 보면 아무 곳에서나 책을 읽는 사람들을 볼 수 있었다.

하이델베르크 시내의 성당.

칼 테오도르 다리의 입구.

칼 테오도르 다리를 건너서 본 하이델베르크 시내.

아기자기한 건물 창문들.

시내 가게의 홍학.

하이델베르크 성 앞 건물.

하이델베르크 성 진입로에 위치한 식당 & 기념품 가게.

시내의 골목 사이.

하이델베르크 시내 호텔.

하이델베르크 관광 후
뷔르츠부르크 중앙역으로 향했습니다.

피곤 피곤

뷔르츠부르크의 숙소는
중앙역 바로 앞에 위치해 있어서 편리했어요.

숙소에 도착해서
체크인을 한 후

If you don't want a sarcastic answer, don't ask a stupid question !!

씻고 나와서 함숙에서 가져왔던
컵라면으로 저녁을 먹고

방으로 돌아와서 취침.

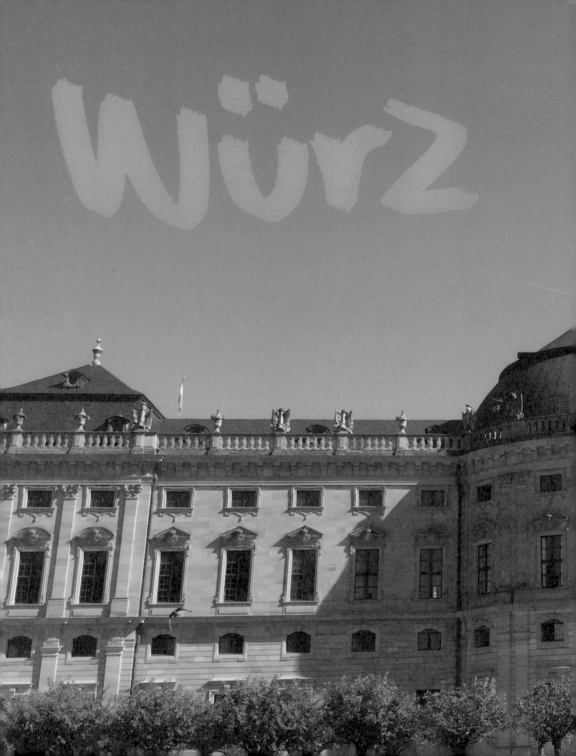

11.
뷔르츠부르크에서 한숨 고르기

슈투트가르트와 하이델베르크에서
모든 체력을 다 써 버려서

저질체력

뷔르츠부르크에서의 2박 3일은
여유롭게 보내기로 했습니다.

아침 아홉 시쯤 일어나서

아침을 챙겨 먹고

중앙역 안에서
팔던 샌드위치

가방을 들고 숙소를 나왔습니다.

무거운 카메라는
빼놓고!

뷔르츠부르그 성을 들렀다가

한 카페로 들어가서 쉬기로 했어요.

카페가 있는 거리를 걷다가

커피를 테이블에 놓고

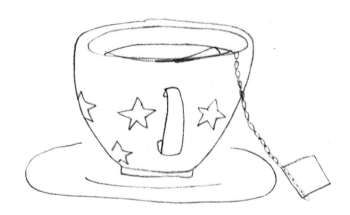

잠시 책을 읽다가

Patrick Modiano
: Rue des boutiques
obscures

저녁시간이 되어
다시 숙소로 향했습니다.

벌써 시간이!

주섬   주섬

숨소로 가는 길에
수건과 저녁거리를 사 들고...

 → 전날 수건이 없어서
1유로 내고 빌렸다.

숨소로 돌아와 식당에서
저녁을 먹고

 서*웨이
샌드위치

방으로 돌아왔습니다.

다녀왔습니다.

방으로 돌아와 보니,

새로운 분이 들어와 계셨습니다.

안녕하세요~

한국분이세요?

4인용 도미토리 형식의 방이라
서로 인사를 나누고

잠시 대화를 나누다

저는 한국에서
물리치료사로 일하다가
잠시 유럽여행 중이에요~.

잠이 들었습니다.

그럼 저는 야경 찍으러
이만….

다녀오세요~

내일이 뷔르츠부르크를
떠나는 날이구나.

이튿날 아침 여덟 시에 일어나
아침을 먹고

짐을 정리한 후

로텐부르크로 출발!

12.

로텐부르크에서 간단한 쇼핑

로텐부르크역으로 향하는 기차 안.

물끄럼

학생도 한국에서 왔나 봐요.

기차 안에서 만난
한국인 여행객 부부 두 분과 함께 대화를 나누다

우리는 프라하 갔다가
독일로 왔어요.

저는 독일 먼저 들렀다가
프라하로 가려구요.

로텐부르크에 도착했습니다.

예쁜 산타마을로 유명한
로텐부르크는 가장 기대를 많이 한 곳이기도 한데

우 와

과연 정말 아름다운 곳이었어요.

마을 입구에서부터 예쁜 가게들과
여러 가지 물건들을 구경하면서

천천히 걸어가기 시작했습니다.

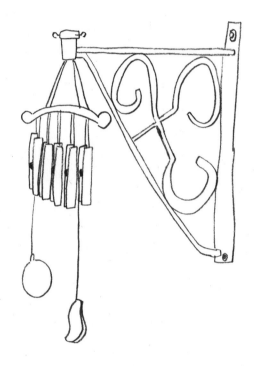

로텐부르크 장난감 가게의 간판.

또 다른 장난감 가게의 새 장식품.

로텐부르크 시내의 서점.

골목 사이.

인형 가게.

Christmas Market

로텐부르크 시내.

크리스마스 마켓.

THE
NUtcracker

전망대 올라가는 길.

전망대에서 내려다본 로텐부르크.

골목 사이.

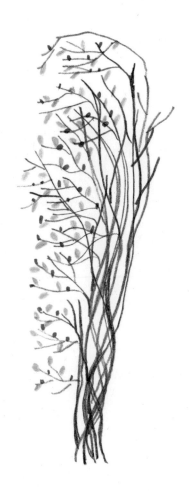

장난감 가게 2층 창가에서 비눗방울을 불고 있던 곰돌이.

Der gestiefelte Kater

Der gestiefelte Kater

기념품 가게에서 발견한 예쁜 그림책.

열심히 로텐부르크의 거리를
걸어 다니다가

마을 입구 쪽으로 다시 돌아가던 중

우연히 들어간 가게에서 발견한

갈색 반지갑

크기도, 가격도,
질감도, 두께도 완벽하군.

010.50 유로

그리고 또 다른 가게에서
그림책 한 권과 엽서도 샀습니다.

그렇게 로텐부르크에서
BUY LIST에 적어 놓았던 물건 세 가지를 사고

ㅂ (지갑)   ㅂ 그림책

ㅁ 가방   ㅁ 가족들선물

ㅂ (엽서)   ㅁ 휴대폰케이스

뉘른베르크에 예약해 두었던
숙소로 향했습니다.

Nüren
berg

13.
나만의 여행 방법을 찾은 뉘른베르크

뉘른베르크의 숙소는 중앙역에서 도보로
십 분정도 떨어진 곳에 위치해 있었는데

20kg이 넘는 캐리어를 끌고 갈 수 없어서
중앙역에서 한 역을 더 가서 내렸더니

숙소 바로 앞에 도착할 수 있었어요.

숙소에 도착해 체크인을 하고

예약했던 방으로 들어왔습니다.

방 짱좋아!

으아, 힘들다.

중앙역에서 샀던 K*C의 치킨너겟과
컵라면으로 저녁을 먹고

샤워를 한 후

잠들기 전 노트북으로
장판 영화를 보면서 뒹굴거리다가

문득 든 생각에 날짜를 확인해 보았더니
놀랍게도

8일밖에 지나지 않았습니다.

앞으로 남은 도시는 총 네 군데였습니다.

뉘른베르크, 잘츠부르크, 빈, 프라하…

앞으로는 좀 천천히 다녀야겠다.

이튿날 아침, 느긋하게 일어나

간단하게 아침을 먹고

시내로 나가던 길에 마주친 곰돌이.

시내로 향하는 길.

시내 골목.

성당 앞 작은 책 가게.

길을 걷다가 본 귀여운 집.

시내 골목.

뉘른베르크에서의 2박 3일은
무척 여유롭게 보냈습니다.

급하게 걸어 다니지 않고,
여기저곳 구경하면서

아이스크림도 사 먹고

숙소 침대에 엎드려 영화를 보기도 하고

그림을 그리기도 하면서.

한 번에 여러곳을 바쁘게
다니는 여행보다 이렇게
느긋하고 천천히 다니는 여행이
나한텐 더 잘 맞는구나.

여행 처음 해 봐서
몰랐네.

Salzburg

14.

잘츠부르크에서의 미니멀라이프

뉘른베르크에서의 2박 3일을 마치고
잘츠부르크로 이동하는 날.

짐을 챙겨 중앙역으로 이동하고,
두 번 환승 후 잘츠부르크중앙역에 도착했습니다.

무거워.

잘츠부르크 숙소는 중앙역에서 조금 많이
떨어져 있는 곳이었는데,

망할!

20kg이 넘는 캐리어를 끌고 가면서
생각했습니다.

도대체 인간 한 명한테
필요한 짐이 왜 이렇게 많은 거야?

챙겨 온 짐들 중에서 정작
사용하는 건 몇 개 없었는데

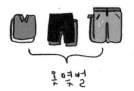

옷 몇 벌   상비약   컵라면

'혹시 쓸 일이 있을 수도 있으니까' 라는
생각에 이것저것 챙긴 짐이

이렇게 짐이 되어 버렸습니다.

왜 그랬어, 과거의 나!

그렇게 이십여 분을 걷고 걸어
겨우 숙소에 도착했습니다.

도착…했다.

방이 좁은 편이 아닌데도
저는 항상 제 방을 좁다고 생각했는데,

어느 날 우연히 접한
'미니멀리즘'에 관한 책을 읽고 나서야 비로소

원인을 알 수 있었습니다.

이렇게 짐이 많은데,

의미 있거나 사용하는 건 몇 개 없구나.

슈투트가르트에 있을 때에도,

독일 사람들은 아이에게 값이 꽤 나가는 인형을 하나 사 준대요.

그러면 아이들은
그 인형을 계속 가지고 노는 거예요.

  오...

의미 없는 물건들이 여러 개인 것보다
소중한 물건 하나 있는 게 더 좋지.

독일에 오길
잘했어.

잘 조부르고 숙소에 짐을 풀고
잠시 쉬다가

오늘, 내일 필요한 옷이랑...

숙소 바로 옆에 위치해 있던
마트로 가서 저녁을 먹고

생수와 토마토, 초콜릿을
사서 돌아왔습니다.

→ 물 먹는 하마

이튿날 아침, 일어나서

아침을 먹고

시내로 향했습니다.

미라벨 정원 내부.

미라벨 정원.

잘츠부르크 성에서 내려다본 모습.

미라벨 정원 앞 신호등에서.

잘츠부르크 구시가 광장으로 가는 길.

잘츠부르크 섬에서 내려다본 야경.

광장 골목 사이의 간판.

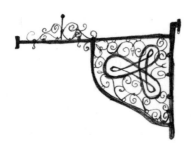

골목에 위치한 서점.

어느덧 잘츠부르크에서의
마지막날.

천천히 시내를 걷다가

광장 벤치에 앉아
그림을 그리고 있었는데,

바로 옆 벤치에 앉은
할아버지의 시선이 느껴지기 시작했습니다.

내 그림을 보는 건
아니겠지.

그때 옆으로 다가온 할아버지가

프랑스에서 왔는데,

각 관광지에서 추억하고 싶은 곳의
그림을 사는 중이라고 소개하신 할아버지는

제 그림을 사고 싶다고
하셨습니다.

그림이라고 하기에 민망한
낙서 수준의 끄적거림이었기 때문에

10유로를 주시겠다는 할아버지께
5유로만 받고 종이를 찢어드렸습니다.

지갑에 종이를 넣은 할아버지는,

앞으로의 여행에 행운이 가득하기를
바란다는 말을 하시고선 걸어가셨습니다.

그림을 팔아 번 돈으로
아이스크림을 사서 가던 중

한 매장 안의 가방을 보았는데

찾고 있던 가방과 비슷한 디자인이었어요.

그렇게 사려던 가방은
결국 사지 못했지만,

ㅂ 지갑   ㅂ 그림책

ㅁ 가방   ㅁ 가족들 선물

ㅇ 엽서   ㅁ 휴대폰케이스

마음이 가벼워!

즐거운 마음으로 잘츠부르그에서의
여행을 마쳤습니다.

♪

15.

빈에서 여행 친구를 만나다

잘츠부르크에서 빈으로 향하는 날!

독일여행 첫날 구매했던 독일 철도 패스는

Ausgabestelle:	RzNVS	DB BAHN
Schalternummer:	FRANKFURT	
	KARTENZAHLUNG	
NVS - Auftrag:	Betrag:	
Zahlverfahren:	inkl. Zahlungsmittelentgelt:	
Kartennummer:	Transaktion:	
Gültig bis:	Belegnummer:	
VU- Nummer:	Genehmigung:	

독일에서 오스트리아의 잘츠부르크까지만
사용할 수 있는 것이어서

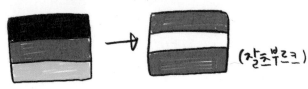

(잘츠부르크)

뒤늦게 기차 안에서 50유로 정도의 값을
내고 구매할 수 있었습니다.

벌금을 낼 수도 있던 상황에서

기차표를 검사하시는 아저씨께서
흔쾌히 봐 주신 덕에

다행히 무사히 넘어갈 수 있었습니다.

중앙역에 도착하고

몇 정거장을 더 이동 후 숙소와
가장 가까운 역에 내려서

숙소에 겨우 도착했습니다.

먼저 체크인을 한 후,

짐을 맡겨 놓고

점심을 먹으러 인근 역으로 향했습니다.

커다란 역 안에는 여러 가지 음식점들이 있었는데,

햄버거 체인점으로 들어가 점심을 해결한 후

다시 숙소로 돌아왔습니다.

숙소로 돌아가는 길에 바로 옆에 위치한 마트에서
물과 토마토를 산 후

숙소로 돌아와 쉬었습니다.

내일 계획을 짜고 있던 때,

방 안으로 다른 투숙객이 들어왔습니다.

오,하이!

자네사와 반갑게 인사를 나눈 후

호텔 내부의 식당으로 내려가서
저녁을 먹고

잘 준비를 마쳤습니다.

이튿날 아침,
식사를 한 후

시내로 향했습니다.

슈테판 대성당 앞 거리.

슈테판 대성당.

시청 건물 앞 카페에서.

시청 건물 앞 카페 안 식물들.

우연히 들어가게 된 시내의 건물.

건물 안 계단.

점심으로 사 먹은 햄버거.

우연히 들어가게 된 다른 건물.

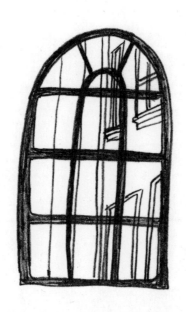

건물 안 분수대.

《나니아 연대기》에 나왔던 옷장이 숨겨진
방 문 같아서 찍어 본 사진.

카페로 나와 낮을 즐기는 거리 위 사람들.

골목길.

빈 전통 시장인 나슈마르크트(Naschmarkt)에서 먹은 점심.

나슈마르크트 앞 거리.

시청으로 가는 길.

어두워지기 시작한 시청 거리.

연주하는 말과 사슴.

빈 미술사 박물관 가는 길.

빈 미술사 박물관.

어두워지는 거리.

빈에서의 마지막 날, 저녁.

어두워진 거리를 걸어
숙소로 돌아가던 중

건너편에서 마주친 강아지.

너무 예뻤던 스마일 강아지.

숙소로 돌아와 짐을 정리하고 있을 때

버섯버섯,
내일 프라하로 가는 거야?

응.

나도 오레 프라하로 가.
프라하에서 만나서
저녁 같이 먹을래?

좋아!

이튿날 아침,
자네사와 함께 조식을 먹고

프라하에서의 만남을 기억하며

인사를 하고 헤어졌습니다.

16.
프라하에서 보낸 마지막 여정

빈에서 프라하로 가는 버스표를
15유로 정도에 구매해서

폭풍검색

예약 성공!

네 시간이 걸려
프라하에 도착했습니다.

현지 약국에서 산
멀미약 복용후
네 시간 동안 취침

오스트리아에서 체코로 넘어가던 도중,

국경선 앞에 멈춰 선 버스 안으로
경찰이 들어와 여권 검사를 했던 것은

경찰이 왜 버스 안에?

참 특별한 경험이었습니다.

프라하에 도착해서
가지고 있던 유로를 코르나로 환전한 후

다시 한 번 기차를 타고
프라하 1구역에 위치한 숙소로 향했습니다.

숙소에 도착했을 때는
이미 저녁이 다 된 시간이어서

숙소 바로 옆에 위치한
중국집에서 저녁을 먹고

닭튀김과
쌀밥

그 와중에
맛이 없군...

십 분 거리에 위치한
대형마트에 가서 생수와 토마토를 사서

토마토가 저렴해서
좋아~

숙소로 돌아왔습니다.

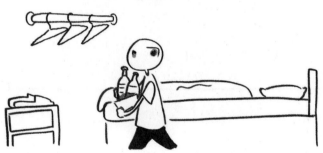

이튿날 아침

아침 아홉 시쯤 일어나
간단하게 아침을 먹고

시내로 향했습니다.

프라하 1 지구.

강물 위 유람선 테마의 식당.

정각이 될 때마다 울리는 천문 시계.

천문 시계 옆 광장.

프라하 섬으로 가는 길.

프라하 성으로 가는 길.

프라하성으로 올라가는 계단.

프라하 성.

밥 먹으러 가던 길.

골목길.

또 다른 골목길.

골목길 사이에 있는 인형 가게.

프라하 성 근처.

프라하 서점. 이곳에서 알폰스 무하 관련 서적을 샀다.

프라하에서의 나.

프라하 시내 거리.

프라하 마지막 날. 공항으로 향하며 찍은 마지막 사진.

시내 구경 후 저녁시간이 되자,

시계탑 앞에서 자네사를 만나

식당으로 향했습니다.

대화를 나누며 식사를 마친 후

마트에 들러 장을 보고
각자의 숙소로 향했습니다.

여행 내내 읽었던 책이 있었습니다.

책 속의 주인공은
잃어버린 기억 속에서 자신을 찾기 위해

자신일지도 모르는 사람들의 흔적을 좇아
이곳저곳을 다닙니다.

그 과정에서 주인공은
이 사람이 되었다가 다시 저 사람이 되곤 합니다.

나를 잃어버린다는 건
무슨 의미일까요?

내가 찍은 사진, 듣는 음악, 읽은 책, 그은 선에서
나를 알 수 있다면

정작 나는 나를 모르고 있는 건 아닐까
하는 생각을 하곤 했습니다.

내가 나를 너무 가까이에서 보고 있어서

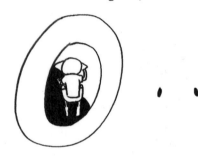 

나를 멀리서 보고 있는 사람들은 볼 수 있는 것을
나는 보지 못하고 있는 건 아닐까, 하고.

전체를 보지 못한 채
아주 작은 조각들을 마음대로 끼워 맞추고 있는 걸까요?

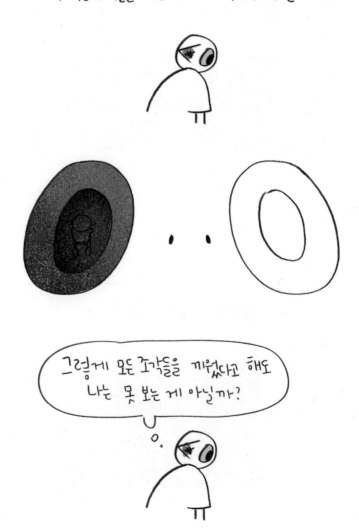

그렇게 모든 조각들을 끼웠다고 해도
나는 못 보는 게 아닐까?

지금 이 시간이 현실이라는 것이
믿기 어려워졌습니다.

난생 처음 와 본 이 아름다운 도시에서
깨닫게 되었습니다.

막연하게 생각해 두었던,
스스로에 대한 기대치가 너무 높은 목표를 세웠고

그것을 이뤄 내지 못할지도 모른다는 두려움에
다른 핑계 거리를 찾는다는 것이

제가 뒤쳐지고 있다고 둘러대는 꼴이 되어 버린 거죠.

그게 면죄부가
되어 줄 지도 모른다고
생각했나 봐.

남은 여행 기간 동안
가족들과 친구들에게 줄 선물들을 사고,

맛있는 음식도 먹으면서

부대찌개
맛있어!!

프라하에서 먹는
부대찌개

집으로 돌아갈 준비를 했습니다.

신나!

돈 쓰는 게
최고야!

총 21일간의 여행을 끝내고
집으로 돌아왔습니다.

그리웠던 집밥을 먹었습니다.

열아홉, 유럽

ⓒ 버선버섯 2017

1판 1쇄 발행일 2017년 5월 29일
1판 2쇄 발행일 2019년 1월 11일

글·그림 버선버섯(정가연)
펴낸이 김경미
편집 김유민
디자인 나투다

펴낸곳 숨쉬는책공장
등록번호 제2018-000085호
주소 서울시 은평구 갈현로25길 5-10 A동 201호 (03324)
전화 070-8833-3170 **팩스** 02-3144-3109
전자우편 sumbook2014@gmail.com
페이스북 /soombook2014 **트위터** @soombook

ISBN 979-11-86452-20-2 03920 **값** 16,000원